Impressum
Verlag: BABADADA GmbH, Nedderfeld 112 , 22529 Hamburg
Geschäftsführer / Verlagsleitung: Harald Hof
Druck: Books on Demand GmbH, In de Tarpen 42, 22848 Norderstedt

Imprint
Publisher: BABADADA GmbH, Nedderfeld 112 , 22529 Hamburg, Germany
Managing Director / Publishing direction: Harald Hof
Print: Books on Demand GmbH, In de Tarpen 42, 22848 Norderstedt, Germany

skole

مدرسه

klasseværelse
کلاس درس
dividere
تقسیم کردن
186/2
skolegård
tavle
تخته
lærer
معلم
papir
کاغذ
skrive
نوشتن
pen
خودکار
skrivebord
میز تحریر
lineal
خط کش
bog
کتاب
elev
دانش آموز

skoletaske

کیف مدرسه

penalhus

جامدادی

blyant

مداد

blyantspidser

تراش

viskelæder

پاک کن

tegneblok

دفتر رسم

tegning

طراحی

pensel

قلم مو

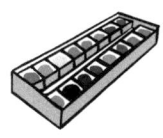

æske med vandfarver

جعبه ی آبرنگ

saks

قیچی

lim

چسب

opgavehefte

کتاب تمرین

lektie

تکلیف خانه

12

tal

رقم

2+2

addere

جمع کردن

5-2

subtrahere

تفریق کردن

2×2

multiplicere

ضرب کردن

regne

محاسبه کردن

A

bogstav

حرف الفبا

ABCDEFG HIJKLMN OPQRSTU VWXYZ

alfabet

الفبا

hello

ord

کلمه

tekst

متن

læse

خواندن

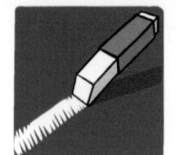

kridt

گچ

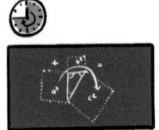

time

درس

klasseprotokol

ثبت نام

eksamen

امتحان

karakterbog

مدرک رسمی

skoleuniform

لباس مدرسه

uddannelse

تحصیلات

leksikon

دانشنامه

universitet

دانشگاه

mikroskop

میکروسکوپ

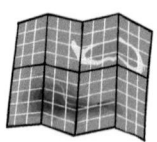

kort

نقشه

papirkurv

سبد کاغذ باطله

rejse
سفر

hotel
هتل
herberg
مسافرخانه
vekselkontor
صرافی
kuffert
چمدان
bil
اتومبیل

sprog

زبان

ja / nej

بله / خیر

okay

اکی

hej

سلام

oversætter

مترجم

tak

ممنون

hvad koster...?

قیمت ... چه قدر است؟

Jeg forstår ikke

من متوجه نمی شوم

problem

مشکل

God aften!

عصر بخیر! / شب بخیر!

God morgen!

صبح بخیر!

God nat!

شب بخیر!

farvel

خدانگهدار

retning

جهت

bagage

بار سفر

taske

کیف

rygsæk

کوله پشتی

gæst

مهمان

værelse

اتاق

sovepose

کیسه خواب

telt

خیمه

turistinformation

مرکز راهنمای گردشگران

strand

ساحل

kreditkort

کارت اعتباری

morgenmad

صبحانه

middagsmad

نهار

aftensmad

شام

billet

بلیط

elevator

آسانسور

frimærke

مهر

grænse

مرز

told

گمرک

ambassade

سفارتخانه

visum

ویزا

pas

گذرنامه

transport

حمل و نقل

flyvemaskine
هواپیما
skib
کشتی
brandbil
ماشین آتش نشانی
lastbil
کامیون
bus
اتوبوس
motorbåd
قایق موتوری
cykel
دوچرخه
bil
اتومبیل

færge
کشتی مسافربری

båd
قایق

motorcykel
موتورسیکلت

politibil
ماشین پلیس

racerbil
ماشین مسابقه

lejebil
ماشین کرایه ای

samkørsel

به اشتراک گذاری اتوموبیل

kranbil

جرثقیل

skraldebil

ماشین حمل زباله

motor

موتور

benzin

بنزین

tankstation

پمپ بنزین

trafikskilt

تابلو راهنمایی و رانندگی

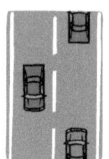

trafik

عبور و مرور

trafikprop

ترافیک

parkeringsplads

پارکینگ

banegård

ایستگاه قطار

skinner

ریل راه آهن

tog

قطار

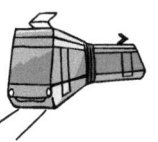

sporvogn

قطار برقی

wagon

واگن

helikopter

هلیکوپتر

lufthavn

فرودگاه

tårn

برج

passager

مسافر

container

کانتینر

karton

کارتن

kærre

گاری

kurv

سبد

starte / lande

به پرواز درآمدن / فرود آمدن

by

شهر

landsby

دهکده

bymidte

مرکز شهر

hus

خانه

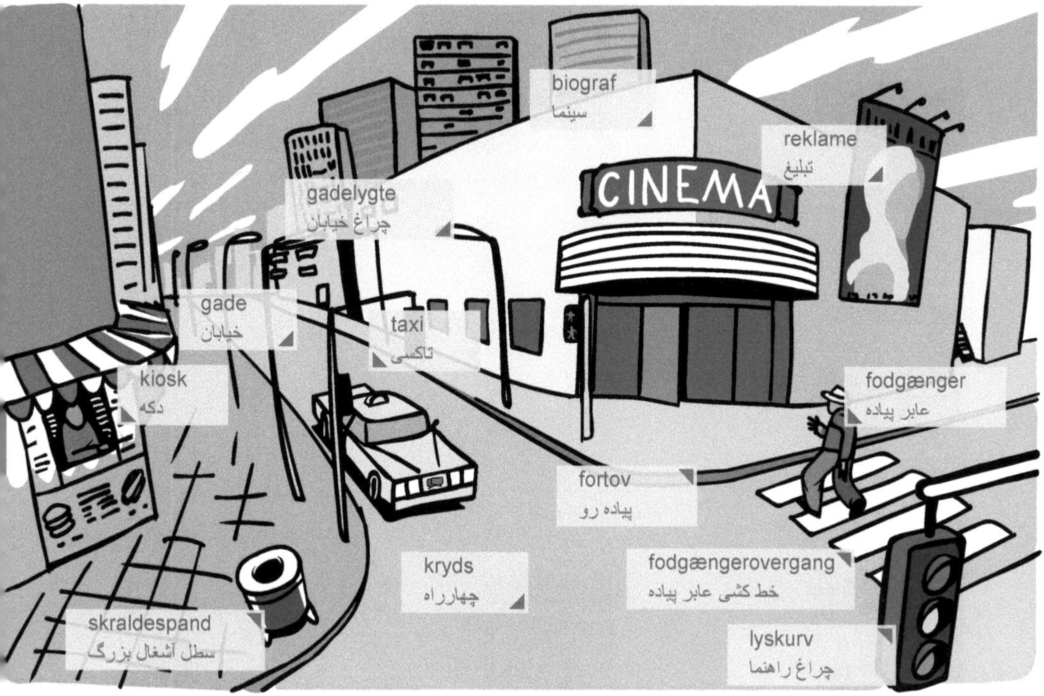
biograf
سینما
reklame
تبلیغ
CINEMA
gadelygte
چراغ خیابان
gade
خیابان
taxi
تاکسی
kiosk
دکه
fodgænger
عابر پیاده
fortov
پیاده رو
kryds
چهارراه
fodgængerovergang
خط کشی عابر پیاده
skraldespand
سطل آشغال بزرگ
lyskurv
چراغ راهنما

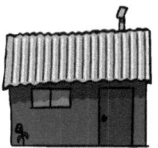

hytte
کلبه

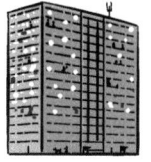

lejlighed
آپارتمان

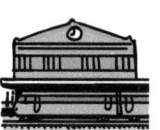

banegård
ایستگاه قطار

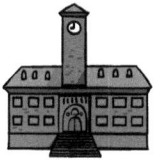

rådhus
ساختمان شهرداری

MUSEUM

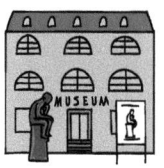

museum
موزه

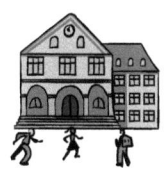

skole
مدرسه

universitet

دانشگاه

bank

بانک

sygehus

بیمارستان

hotel

هتل

apotek

داروخانه

kontor

اداره

boghandel

کتابفروشی

butik

مغازه

blomsterbutik

گل فروشی

supermarked

سوپرمارکت

marked

بازار

stormagasin

فروشگاه بزرگ

fiskehandler

ماهی فروش

butikscenter

مرکز خرید

havn

بندر

park

پارک

bænk

نیمکت

bro

پل

trappe

پله

undergrundsbane

مترو

tunnel

تونل

busstoppested

ایستگاه اتوبوس

barnevogn

میخانه

restaurant

رستوران

postkasse

صندوق پست

vejskilt

تابلوی خیابان

parkometer

دستگاه پارکومتر

zoo

باغ وحش

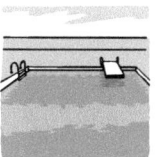

badeanstalt

استخر شنای عمومی

moske

مسجد

bondegård

مزرعه

miljøforurening

آلودگی محیط زیست

kirkegård

قبرستان

kirke

کلیسا

legeplads

زمین بازی

tempel

معبد

landskab

چشم انداز

blad
برگ

vejviser
تابلوی راهنمای مسیر

vej
راه

eng
چمنزار

sten
سنگ

træ
درخت

vandrer
راه نورد

flod
رودخانه

græs
چمن

blomst
گل

dal

دره

bjerg

تپه

sø

دریاچه

skov

جنگل

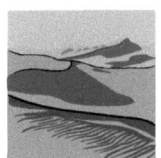

ørken

بیابان

vulkan

کوه آتشفشان

slot

قلعه

regnbue

رنگین کمان

svamp

قارچ

palme

درخت نخل

moskito

پشه

flue

مگس

myre

مورچه

bi

زنبور

edderkop

عنکبوت

bille

سوسک

frø

قورباغه

egern

سنجاب

pindsvin

جوجه تیغی

hare

خرگوش صحرایی

ugle

جغد

fugl

پرنده

svane

قو

vildsvin

گراز

hjort

گوزن نر

elg

گوزن شمالی

dæmning

سد آب

vindmølle

توربین بادی

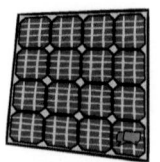

solcellemodul

صفحه ی خورشیدی

klima

آب و هوا

restaurant
رستوران

spisekort
منوی غذا
stol
صندلی
suppe
سوپ
pizza
پیتزا
bestik
سرویس کارد و قاشق و چنگال
borddug
رومیزی

forret
پیش‌غذا

hovedret
غذای اصلی

dessert
دسر

drikkevarer
نوشیدنی ها

mad
غذا

flaske
بطری

fastfood

فست فود

streetfood

اغذیه خیابانی

tekande

قوری

sukkerdåse

قندان

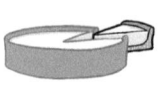

portion

پُرس غذا

espressomaskine

دستگاه اسپرسو

barnestol

صندلی پایه بلند غذاخوری بچه

faktura

صورتحساب

tablet

سینی

kniv

چاقو

gaffel

چنگال

ske

قاشق

teske

قاشق چایخوری

serviet

دستمال سفره

glas

لیوان

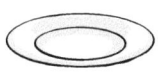

tallerken

بشقاب

dyb tallerken

بشقاب سوپخوری

underkop

نعلبکی

sovs

سس

saltbøsse

نمکدان

peberkværn

فلفل ساب

eddike

سرکه

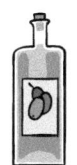

olie

روغن خوراکی

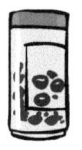

krydderier

ادویه جات

ketchup

سس کچاپ

sennep

سس خردل

mayonnaise

سس مایونز

supermarked

سوپرمارکت

tilbud
پیشنهاد ویژه
kunde
مشتری
mælkeprodukter
لبنیات
frugt
میوه جات
indkøbsvogn
چرخ دستی خرید

slagter
....
قصابی

bageri
....
نانوایی

veje
....
وزن کردن

grøntsager
....
سبزیجات

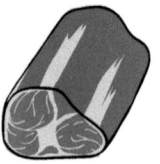

kød
....
گوشت

frostvarer
....
غذای منجمد

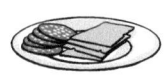

pålæg

مخلوطی از انواع کالباس یا پنیر که ورقه ای بریده شده باشند

konserves

غذای کنسروی

vaskemiddel

پودر لباسشویی

slik

شیرینی جات

husholdningsvarer

لوازم خانگی

rengøringsmidler

ماده شوینده و پاک کننده

ekspedient

فروشنده

kasse

صندوق پرداخت

kasserer

صندوقدار

indkøbsliste

لیست خرید

åbningstider

ساعات کار

tegnebog

کیف پول

kreditkort

کارت اعتباری

taske

کیف

plasticpose

کیسه ی پلاستیکی

drikkevarer

نوشیدنی ها

vand

آب

saft

آبمیوه

mælk

شیر

cola

نوشابه کوکاکولا

vin

شراب

øl

آبجو

alkohol

الکل

kakao

کاکائو

te

چای

kaffe

قهوه

espresso

قهوه اسپرسو

cappuccino

کاپوچینو

mad
غذا

banan

موز

æble

سیب

appelsin

پرتقال

melon

انواع هندوانه و خربزه

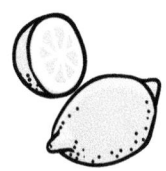

citron

لیمو

gulerod

هویج

hvidløg

سیر

bambus

نی بامبو

løg

پیاز

svamp

قارچ

nødder

آجیل

nudler

ماکارونی

spaghetti

اسپاگتی

ris

برنج

salat

سالاد

pomfritter

سیب زمینی سرخ کرده

stegte kartofler

سیب زمینی سرخ شده

pizza

پیتزا

hamburger

همبرگر

sandwich

ساندویچ

schnitzel

شنیتسل

skinke

ژامبون خوک

salami

سالامی

pølse

سوسیس

kylling

مرغ

steg

نوعی گوشت سرخ شده

fisk

ماهی

havregryn

جوی پرک شده

mysli

نوعی صبحانه مخلوطی از برگه ذرت و
میوه های خشک شده و خشکبار که
معمولا با شیر خورده می شود

cornflakes

کورنفلکس

mel

آرد

croissant

کرواسان

rundstykke

نان بروتشن

brød

نان

toast

نان تست

kiks

بیسکویت

smør

کره

kvark

کشک

kage

کیک

æg

تخم مرغ

spejlæg

تخم مرغ نیمرو

ost

پنیر

is

بستنی

sukker

شکر

honning

عسل

marmelade

مربا

nougat-creme

کرم شکلاتی بادامی

karry

ادویه کاری

bondegård
مزرعه

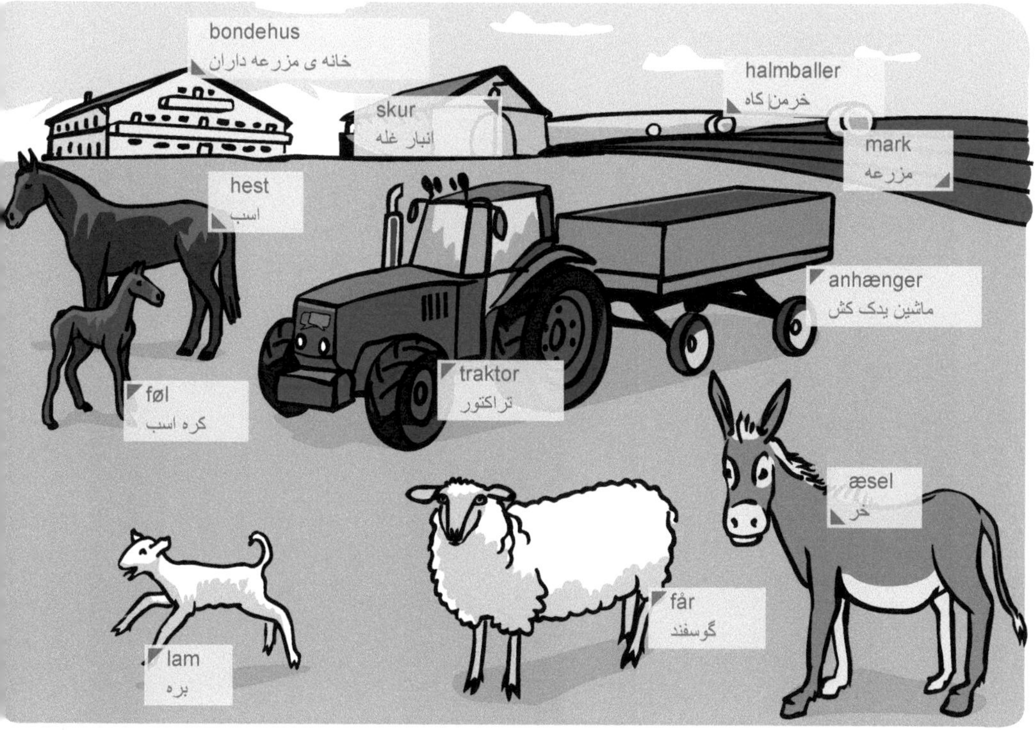

bondehus
خانه ی مزرعه داران
skur
انبار غله
halmballer
خرمن گاه
mark
مزرعه
hest
اسب
anhænger
ماشین یدک کش
føl
کره اسب
traktor
تراکتور
æsel
خر
får
گوسفند
lam
بره

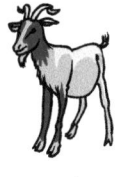

ged

بز

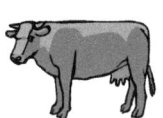

ko

گاو ماده

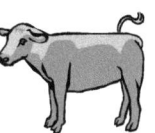

kalv

گوساله

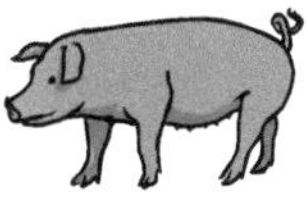

svin

خوک

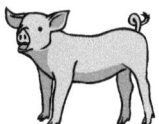

gris

بچه خوک

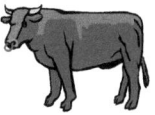

tyr

گاو نر

gås

غاز

and

اردک

kylling

جوجه

høne

مرغ

hane

خروس

rotte

موش صحرایی

kat

گربه

mus

موش

okse

گاو نر اخته

hund

سگ

hundehus

لانه ی سگ

haveslange

شلنگ باغبانی

vandkande

آبپاش

le

داس دسته بلند

plov

گاوآهن

segl

داس

hakkejern

کج بیل

møggreb

چنگک باغبانی

økse

تبر

trillebør

فرقون

trug

آبشخور

mælkekande

بطری نگهداری شیر

sæk

کیسه

hæk

حصار

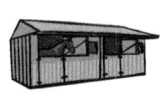

stald

اصطبل

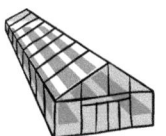

drivhus

گلخانه

jord

خاک

frø

بذر

gødning

کود

mejetærsker

ماشین کمباین

høste

برداشت کردن محصول

høst

محصول

yams

تمیس

hvede

گندم

soja

سویا

kartoffel

سیب زمینی

majs

ذرت

raps

کلزا

frugttræ

درخت میوه

maniok

گیاه مانیوک

korn

غلات

hus
خانه

skorsten
دودکش
tag
پشت بام
tagrende
ناودان
vindue
پنجره
garage
گاراژ
dørklokke
زنگ در
dør
در
skraldespand
سطل آشغال
postkasse
صندوق مراسلات
have
باغ

stue
اتاق نشیمن

badeværelse
حمام

køkken
آشپزخانه

soveværelse
اتاق خواب

børneværelse
اتاق بچه

spisestue
ناهارخوری

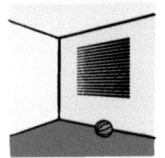

gulv

کف زمین

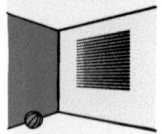

væg

دیوار

loft

سقف

kælder

زیرزمین

sauna

سونا

altan

بالکن

terrasse

تراس

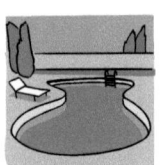

svømmehal

استخر

plæneklipper

ماشین چمن‌زنی

dynebetræk

ملافه

dyne

روتختی

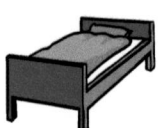

seng

تخت خواب

kost

جارو

spand

سطل

kontakt

سویچ یا کلید

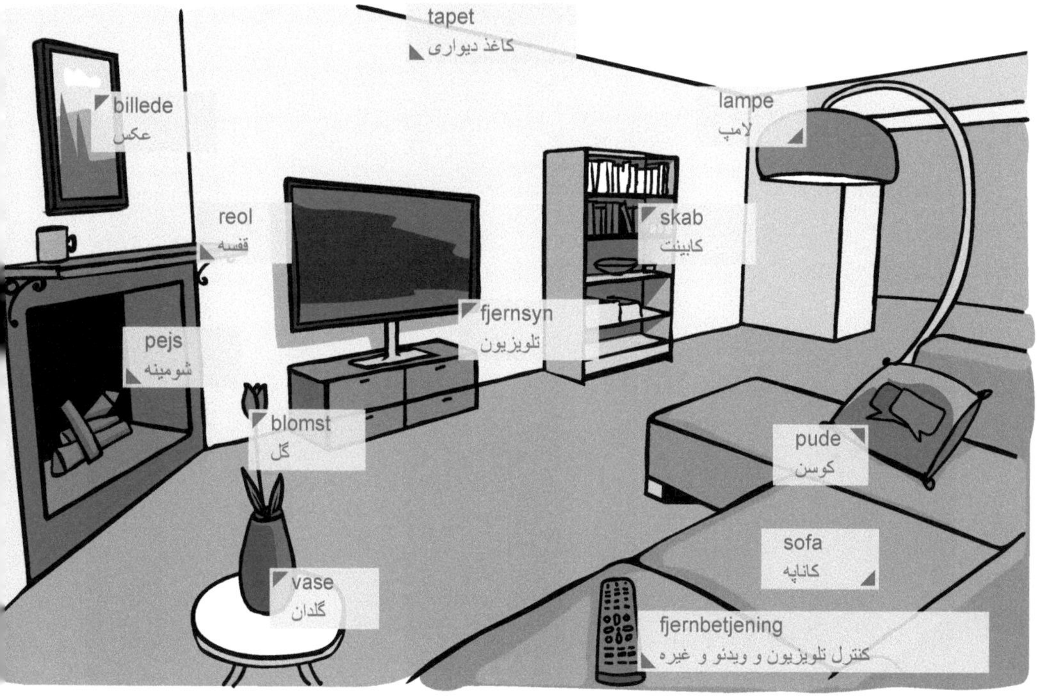

tapet
کاغذ دیواری

billede
عکس

lampe
لامپ

reol
قفسه

skab
کابینت

pejs
شومینه

fjernsyn
تلویزیون

blomst
گل

pude
کوسن

sofa
کاناپه

vase
گلدان

fjernbetjening
کنترل تلویزیون و ویدنو و غیره

gulvtæppe

فرش

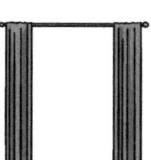

gardin

پرده

bord

میز

stol

صندلی

gyngestol

صندلی گهواره ایی

lænestol

صندلی راحتی

bog

كتاب

tæppe

لحاف

dekoration

دكوراسيون

brænde

هيزم

film

فيلم

stereoanlæg

دستگاه ضبط صوت

nøgle

كليد

avis

روزنامه

maleri

تابلو نقاشى

plakat

پوستر

radio

راديو

notesblok

دفترچه يادداشت

støvsuger

جاروبرقى

kaktus

كاكتوس

lys

شمع

køkken
آشپزخانه

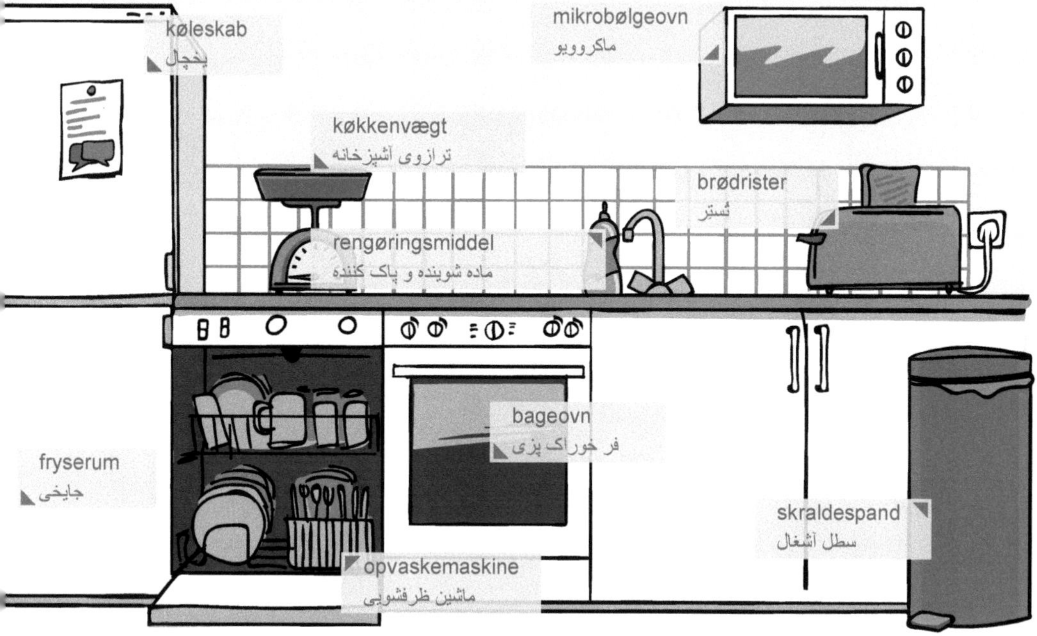

køleskab
یخچال
mikrobølgeovn
ماکروویو
køkkenvægt
ترازوی آشپزخانه
brødrister
تُستر
rengøringsmiddel
ماده شوینده و پاک کننده
bageovn
فر خوراک پزی
fryserum
جایخی
skraldespand
سطل آشغال
opvaskemaskine
ماشین ظرفشویی

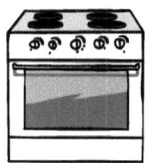

komfur

اجاق گاز

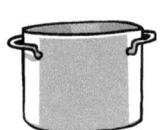

gryde

قابلمه

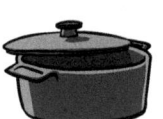

jerngryde

قابلمه چدنی

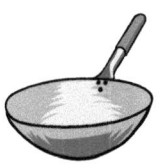

wok / kadai

ماهی تابه گود

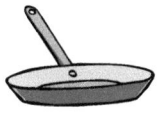

pande

ماهی تابه

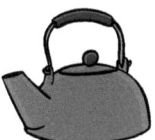

elkedel

کتری

dampkoger

....

بخارپز

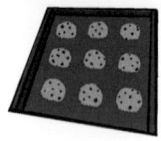

bageplade

....

سینی فر

service

....

ظرف چینی آشپزخانه

bæger

....

لیوان

skål

....

کاسه

spisepinde

....

چاپستیک

øseske

....

ملاقه

paletkniv

....

کفگیر

piskeris

....

همزن

dørslag

....

آبکش

si

....

آبکش

rive

....

رنده

morter

....

هاون

grille

....

باربیکیو

ildsted

....

محل مخصوص افروختن آتش

skærebræt
....
تخته گوشت و سبزی

kagerulle
....
وردنه

proptrækker
....
در بطری بازکن

dåse
....
قوطی

dåseåbner
....
در قوطی بازکن

grydelap
....
دستگیره پارچه ای

køkkenvask
....
سینک ظرفشویی

børste
....
برس گردگیری

svamp
....
اسفنج

blender
....
مخلوط کن

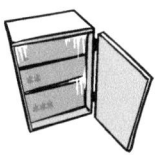

dybfryser
....
فریزر

sutteflaske
....
شیشه شیر بچه

vandhane
....
شیر آب

badeværelse

حمام

radiator
بخاری
brusebad
دوش
håndklæde
حوله
bruserforhæng
پرده ی حمام
skumbad
حمام کف
badekar
وان حمام
glas
لیوان
vaskemaskine
ماشین لباسشویی
vandhane
شیر آب
fliser
کاشی
tissepotte
لگن دستشویی کودکان
køkkenvask
سینک ظرفشویی

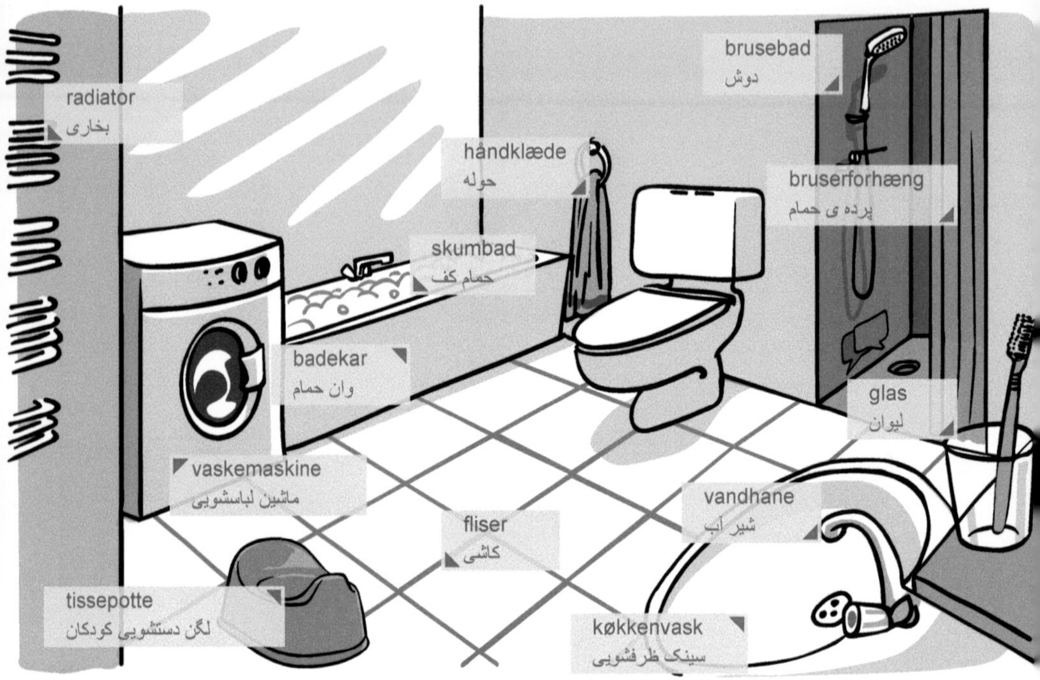

toilet

توالت

hugsiddende toilet

توالت ایرانی

bidet

کاسه توالت

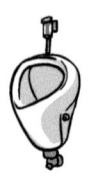

pissoir

توالت مخصوص آقایان

toiletpapir

دستمال توالت

toiletbørste

فرچه توالت

tandbørste

مسواک

tandpasta

خمیردندان

tandtråd

نخ دندان

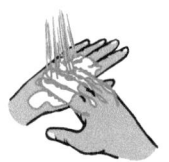

vaske

شستن

håndbruser

دوش آب تلفنی

intimbruser

شلنگ توالت

vaskefad

لگن روشویی

badebørste

برس شست و شوی پشت

sæbe

صابون

brusegele

شامپو بدن

shampoo

شامپو

vaskeklud

لیف حمام

afløb

راه آب

creme

کرم

deodorant

اسپری دئودورانت

spejl

آیینه

kosmetikspejl

آیینه ی کوچک دستی

barberhøvl

تیغ ریش تراشی

barberskum

کف ریش‌تراشی

barbervand

افترشیو

kam

شانه ی سر

børste

برس

hårtørrer

سشوار

hårspray

اسپری مو

makeup

آرایش

læbestift

رژلب

neglelak

لاک ناخن

vat

پنبه

neglesaks

قیچی ناخن

parfume

عطر

toilettaske

کیف لوازم آرایشی و بهداشتی

skammel

چهارپایه

vægt

ترازو

badekåbe

حوله ی پالتویی

gummihandsker

دستکش ظرفشویی

tampon

تامپون

damebind

نوار بهداشتی

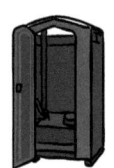

kemisk toilet

توالت سیار

børneværelse

اتاق بچه

vækkeur
ساعت زنگدار
bamse
نوعی عروسک نرم به شکل حیوانات
legetøjsbil
ماشین اسباب بازی
skralde
جغجغه
dukkehus
خانه ی عروسکی
gave
کادو

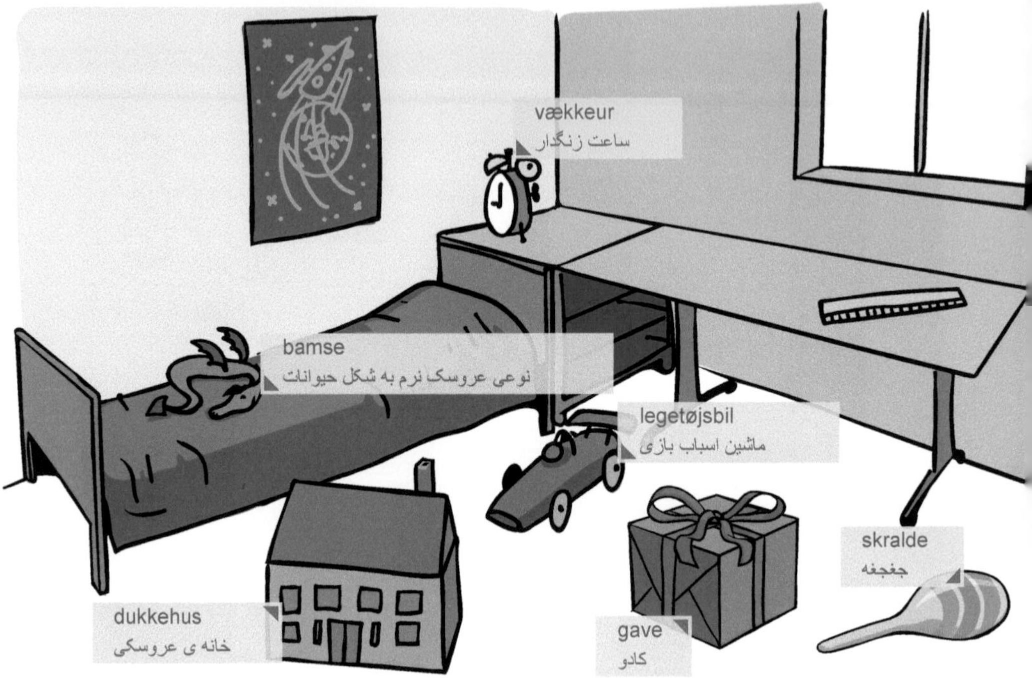

ballon

بادکنک

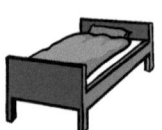

seng

تخت خواب

barnevogn

کالسکه بچه

kortspil

بازی ورق

puslespil

پازل

tegneserie

داستان مصور

legoklodser

اسباب بازی لگو

byggeklodser

خانه سازی

action figur

عروسک شخصیت های فیلم و کارتون

sparkedragt

لباس نوزاد

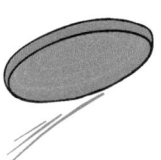

frisbee

فریزبی

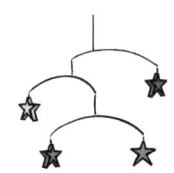

uro

نوعی اسباب بازی که روی تخت نوزاد
یا کودک نصب می شود

brætspil

بازی روی صفحه

terning

تاس

modeljernbane

قطار اسباب بازی

sut

پستانک

fest

مهمانی

billedbog

کتاب مصور

bold

توپ

dukke

عروسک

lege

بازی کردن

sandkasse

جعبه شنی مخصوص بازی کودکان

gynge

تاب

legetøj

اسباب بازی

spillekonsol

کنسول بازی های کامپیوتری

trehjulet cykel

سه چرخه

bamse

خرس عروسکی

klædeskab

کمد لباس

tøj

لباس

sokker

جوراب

strømper

جوراب زنانه ساق بلند

strømpebukser

جوراب شلواری

sjal
شال

paraply
چتر

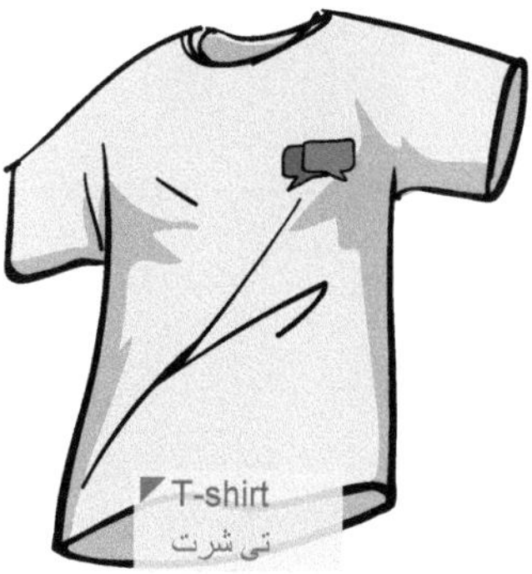

bælte
کمربند

T-shirt
تی شرت

sneakers
کفش ورزشی کتانی

støvler
پوتین

hjemmesko
دمپایی

sandaler

صندل

sko

کفش

gummistøvler

چکمه پلاستیکی

underbukser

شُرت

BH

سوتین

undertrøje

جلیقه

body

بادی

bukser

شلوار

jeans

جین

nederdel

دامن

bluse

بلوز

skjorte

پیراهن

pullover

پولیور

sweatshirt

سویی شرت

blazer

نوعی کت

jakke

ژاکت

frakke

کت بلند

regnfrakke

بارانی

kostume

لباس نمایش

kjole

لباس

brudekjole

لباس عروس

tøj - لباس

jakkesæt

کت و شلوار

nattrøje

لباس خواب زنانه

pyjamas

پیژامه

sari

ساری

hovedtørklæde

روسری

turban

عمامه

burka

برقع

kaftan

قبا

abaya

عبا

badedragt

لباس شنا

badebukser

شرت شنا

korte bukser

شلوارک

træningsdragt

لباس ورزشی

forklæde

پیشبند

handsker

دستکش

tøj - لباس

knap

دكمه

briller

عينك

armbånd

دستبند

kæde

گردنبند

ring

انگشتر

ørering

گوشواره

hue

كلاه لبه دار

bøjle

چوب لباسى

hat

كلاه

slips

كراوات

lynlås

زيپ

hjelm

كلاه ايمنى

seler

بند شلوار

skoleuniform

لباس مدرسه

uniform

لباس فرم

hagesmæk

پیش بند بچه

sut

پستانک

ble

پوشک بچه

kontor

اداره

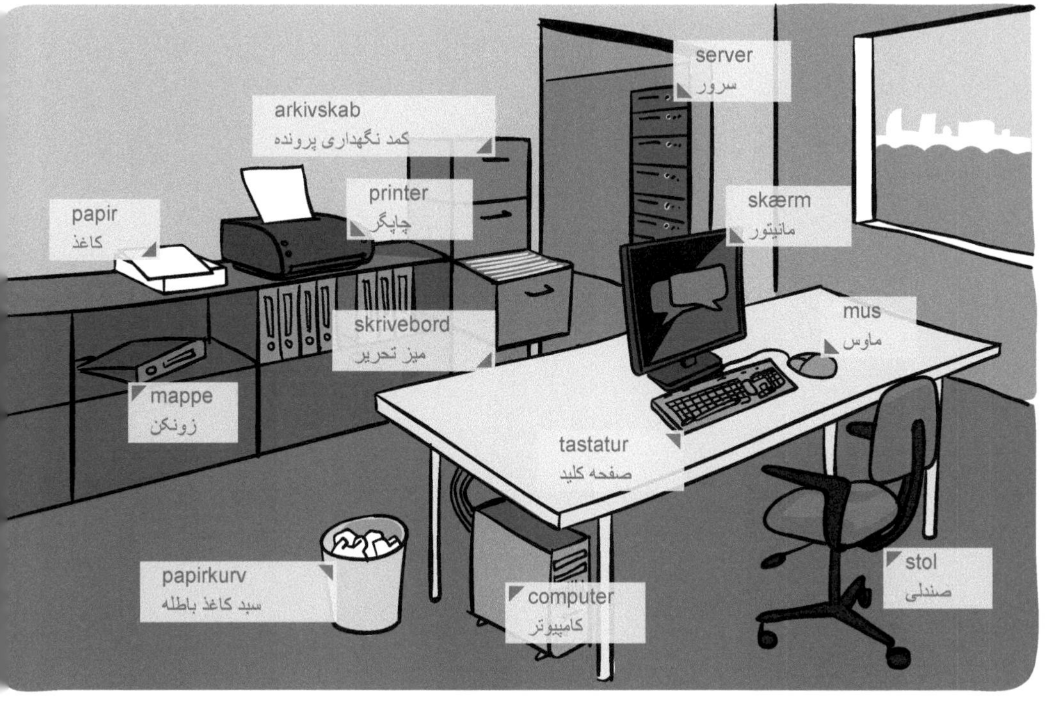

server

سرور

arkivskab

کمد نگهداری پرونده

printer

چاپگر

skærm

مانیتور

papir

کاغذ

skrivebord

میز تحریر

mus

ماوس

mappe

زونکن

tastatur

صفحه کلید

papirkurv

سبد کاغذ باطله

computer

کامپیوتر

stol

صندلی

kaffekrus

لیوان قهوه

lommeregner

ماشین حساب

internet

اینترنت

bærbar

لپ تاپ

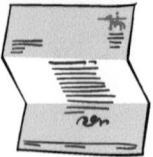

brev

نامه

besked

پیغام

mobil

تلفن همراه

netværk

شبکه ی ارتباطی

kopimaskine

دستگاه فتوکپی

software

نرم افزار

telefon

تلفن

stikdåse

پریز

fax

دستگاه فاکس

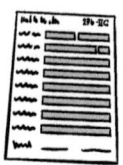

formular

فرم

dokument

مدرک

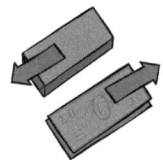

købe

خریدن

betale

پرداخت کردن

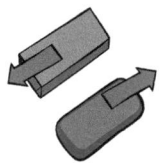

handle

تجارت کردن

penge

پول

dollar

دلار

euro

يورو

yen

ین

rubel

روبل

schweizerfranc

فرانک سوئيس

renminbi yuan

يوان رنمینبی

rupee

روپیه

hæveautomat

دستگاه خودپرداز

vekselkontor

صرافی

guld

طلا

sølv

نقره

olie

نفت

energi

انرژی

pris

قیمت

kontrakt

قرارداد

skat

مالیات

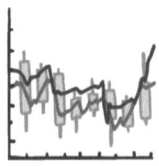

aktie

سهام سرمایه

arbejde

کار کردن

ansat

کارمند

arbejdsgiver

کارفرما

fabrik

کارخانه

butik

مغازه

erhverv
مشاغل

brandmand
آتش نشان
politimand
مامور پلیس
kok
آشپز
læge
دکتر
pilot
خلبان

gartner
باغبان

tømrer
نجار

syerske
خیاط زنانه

dommer
قاضی

kemiker
شیمیدان

skuespiller
بازیگر

buschauffør

راننده اتوبوس

taxachauffør

راننده تاکسی

fisker

ماهیگیر

rengøringskone

نظافتچی زن

tagdækker

سقف ساز

tjener

پیشخدمت رستوران

jæger

شکارچی

maler

نقاش

bager

نانوا

elektriker

برقکار

bygningsarbejder

کارگر ساختمانی

ingeniør

مهندس

slagter

قصاب

vvs-mand

لوله کش

postbud

پستچی

soldat

سرباز

arkitekt

معمار

kasserer

صندوقدار

blomsterhandler

گل فروش

frisør

آرایشگر

togfører

مامور کنترل بلیط در قطار

mekaniker

مکانیک

kaptajn

ناخدا

tandlæge

دندانپزشک

videnskabsmand

دانشمند

rabbiner

عالم یهودی

imam

امام

munk

راهب

præst

کشیش

værktøj
ابزارآلات

hammer
چکش
tang
انبردست
skruedrejer
پیچ گوشتی
skruenøgle
آچار
lommelygte
چراغ قوه

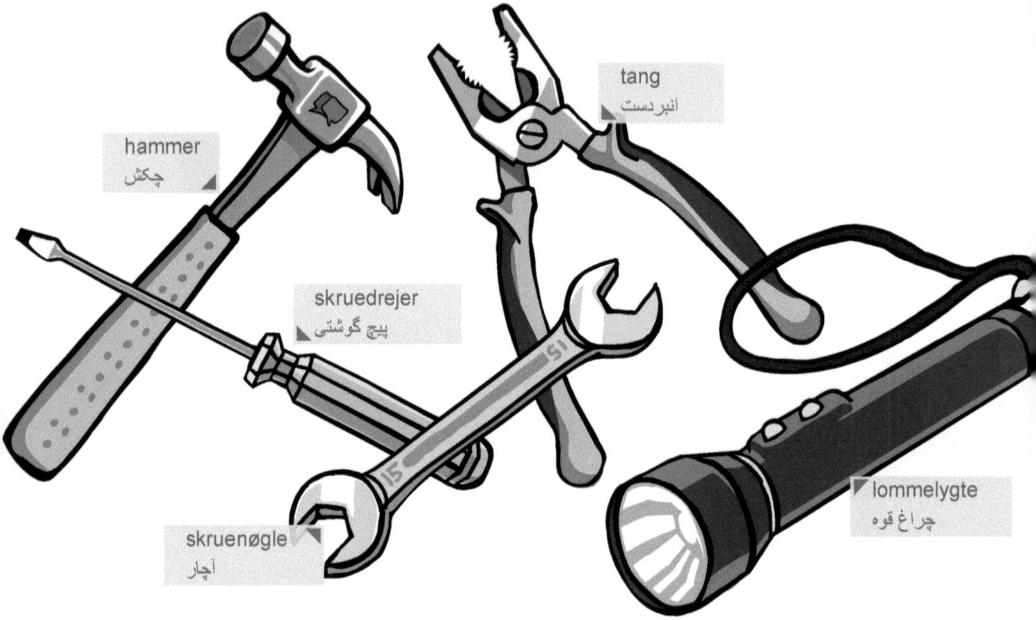

gravemaskine

بیل مکانیکی

værktøjskasse

جعبه ابزار

stige

نردبان

sav

ارّه

søm

میخ

bor

مته

reparere

تعمیر کردن

skovl

بیل

Lort!

لعنتی!

fejebakke

خاک انداز

malerspand

سطل رنگرزی

skruer

پیچ

musikinstrumenter

آلات موسیقی

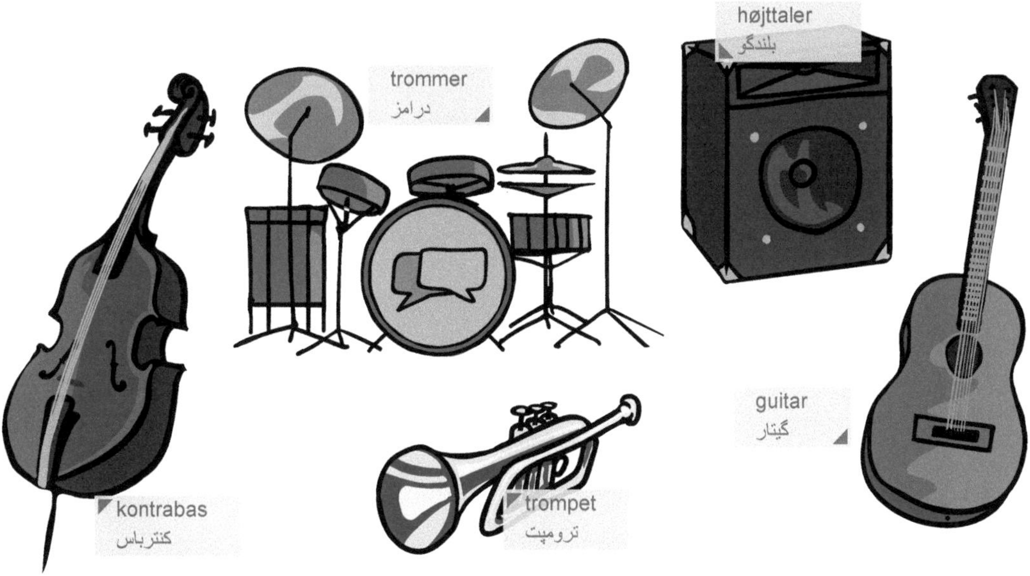

trommer
درامز

højttaler
بلندگو

kontrabas
کنترباس

trompet
ترومپت

guitar
گیتار

klaver

پيانو

violin

ويولن

bas

گيتار بيس

pauke

تيمپانى

tromme

طبل

keyboard

كيبورد الكتريک

saxofon

ساكسيفون

fløjte

فلوت

mikrofon

ميكروفون

باغ وحش

tiger
ببر

indgang
ورودی

bur
قفس

zebra
گورخر

dyrefoder
خوراک حیوانات

panda
خرس پاندا

dyr

حیوانات

elefant

فیل

kænguru

کانگورو

næsehorn

کرگدن

gorilla

گوریل

bjørn

خرس

kamel

شتر

struds

شترمرغ

løve

شیر

abe

میمون

flamingo

فلامینگو

papegøje

طوطی

isbjørn

خرس قطبی

pingvin

پنگوئن

haj

کوسه

påfugl

طاووس

slange

مار

krokodille

تمساح

dyrepasser

نگهبان باغ وحش

sæl

خوک آبی

jaguar

پلنگ امریکایی

pony

اسب کوچک

leopard

پلنگ

flodhest

اسب آبی

giraf

زرافه

ørn

عقاب

vildsvin

گراز

fisk

ماهی

skildpadde

لاک پشت

hvalros

شیرماهی

ræv

روباه

gazelle

غزال

sport
ورزش ها

amerikansk football
فوتبال آمریکایی
cykling
دوچرخه سواری
tennis
تنیس
basketball
بسکتبال
svømning
شنا
ishockey
هاکی روی یخ
boksning
بوکس

fodbold

فوتبال

badminton

بدمینتون

atletik

دوومیدانی

håndbold

هندبال

skiløb

اسکی

polo

پولو

aktiviteter
فعاليت ها

springe
پریدن
give et knus
بغل کردن
grine
خندیدن
gå
راه رفتن
synge
آواز خواندن
drømme
رؤیا دیدن
bede
دعا کردن
kysse
بوسیدن

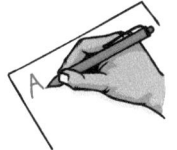

skrive

نوشتن

tegne

رسم کردن

vise

نشان دادن

skubbe

هل دادن

give

دادن

tage

برداشتن

have

داشتن

gøre

انجام دادن

være

بودن

stå

ایستادن

løbe

دویدن

trække

کشیدن

kaste

پرتاب کردن

falde

افتادن

ligge

دراز کشیدن

vente

منتظر بودن

bære

حمل کردن

sidde

نشستن

tage på

لباس پوشیدن

sove

خوابیدن

vågne

بیدار شدن

se på

تماشا کردن

græde

گریه کردن

ae

نوازش کردن

kæmme

شانه کردن

tale

حرف زدن

forstå

فهمیدن

spørge

پرسیدن

høre

شنیدن

drikke

آشامیدن

spise

خوردن

rydde op

مرتب کردن

elske

عاشق بودن

koge

پختن

køre

رانندگی کردن

flyve

پرواز کردن

sejle

قایقرانی کردن

regne

محاسبه کردن

læse

خواندن

lære

یاد گرفتن

arbejde

کار کردن

gifte sig med

ازدواج کردن

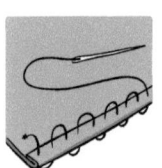

sy

دوختن

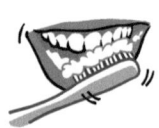

børste tænder

مسواک زدن

dræbe

کشتن

ryge

سیگار کشیدن

sende

فرستادن

familie
خانواده

bedstemor
مادربزرگ
bedstefar
پدربزرگ
far
پدر
mor
مادر
baby
کودک
datter
فرزند دختر
søn
فرزند پسر

gæst
مهمان

tante
خاله، عمه

onkel
دایی، عمو

bror
برادر

søster
خواهر

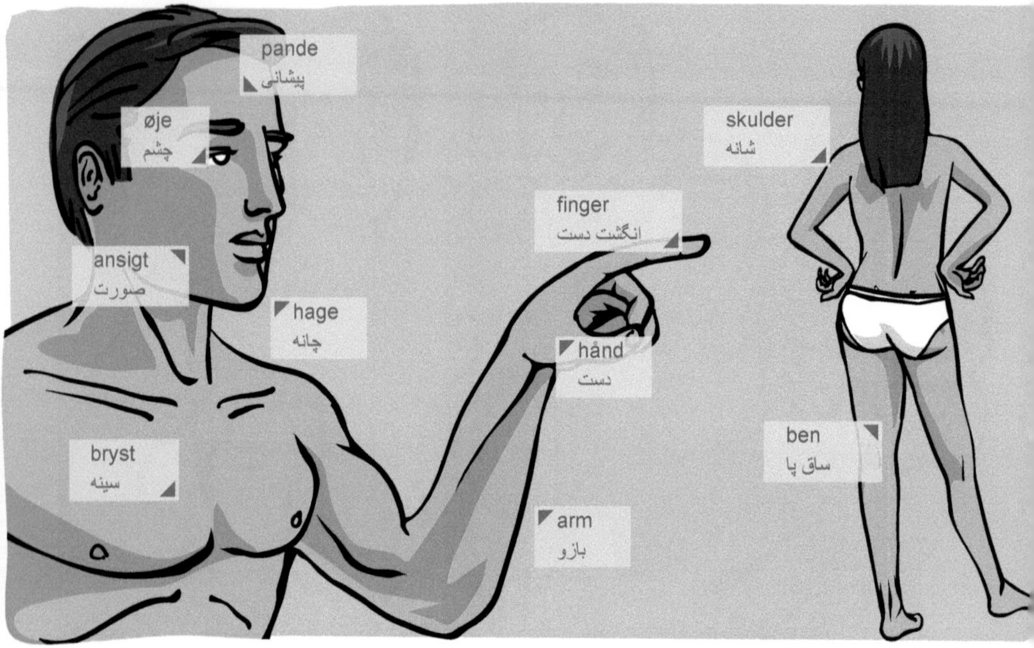

pande
پیشانی

øje
چشم

skulder
شانه

finger
انگشت دست

ansigt
صورت

hage
چانه

hånd
دست

bryst
سینه

ben
ساق پا

arm
بازو

baby

کودک

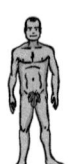

mand

مرد

kvinde

زن

pige

دختربچه

dreng

پسربچه

hoved

کله

ryg

كمر

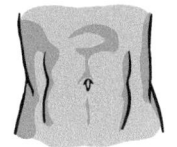

mave

شكم

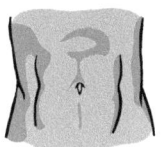

navle

ناف

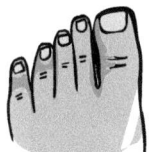

tå

انگشت پا

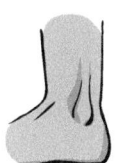

hæl

پاشنه

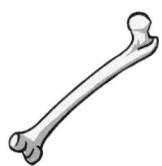

knogle

استخوان

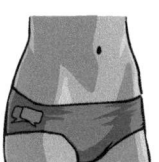

hofte

لگن

knæ

زانو

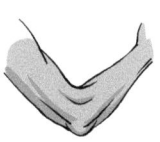

albue

آرنج

næse

بينى

bagdel

نشيمنگاه

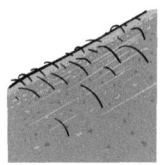

hud

پوست

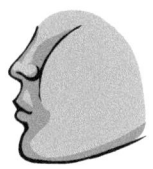

kind

گونه

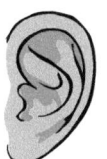

øre

گوش

læbe

لب

mund

دهان

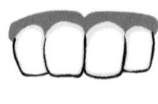

tand

دندان

tunge

زبان

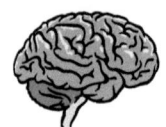

hjerne

مغز

hjerte

قلب

muskel

عضله

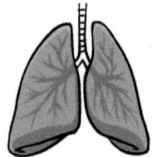

lunge

ریه

lever

کبد

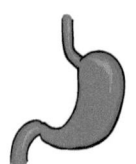

mavesæk

معده

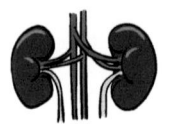

nyrer

کلیه

sex

آمیزش جنسی

kondom

کاندوم

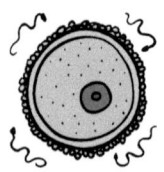

ægcelle

تخمک

sperm

اسپرم

svangerskab

حاملگی

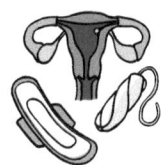

menstruation

پریود

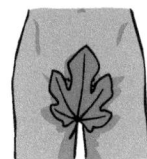

vagina

واژن

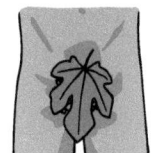

penis

آلت تناسلی مرد

øjenbryn

ابرو

hår

مو

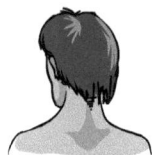

hals

گردن

sygehus
بیمارستان

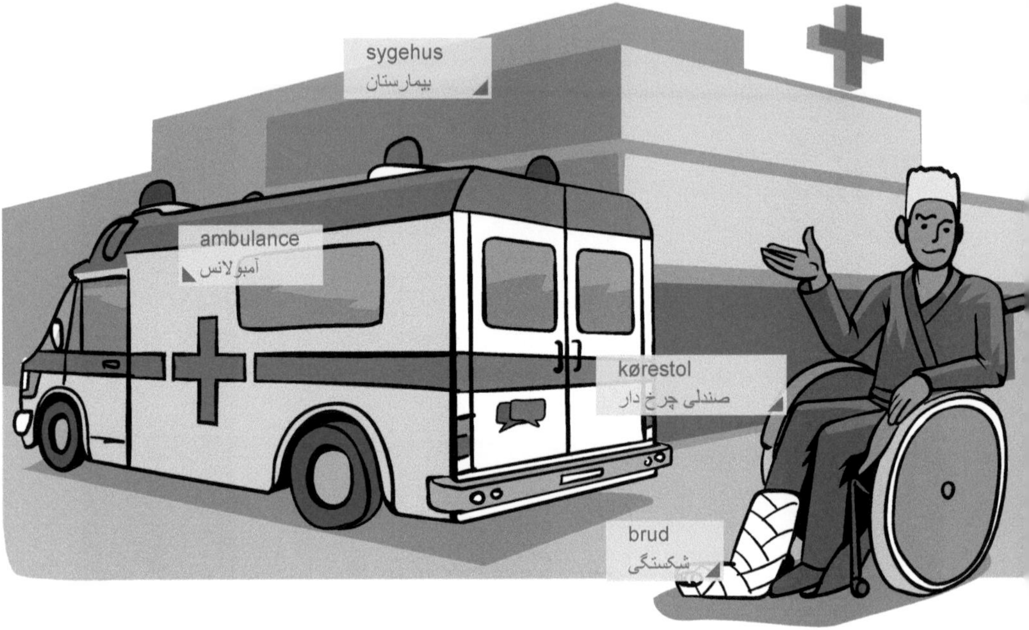

sygehus
بیمارستان
ambulance
آمبولانس
kørestol
صندلی چرخ دار
brud
شکستگی

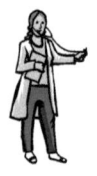

læge

دکتر

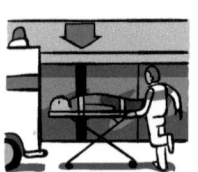

akutmodtagelse

بخش اورژانس

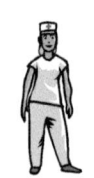

sygeplejerske

پرستار

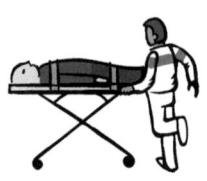

nødstilfælde

موقعیت اضطراری

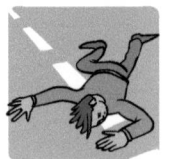

bevidstløs

بی هوش

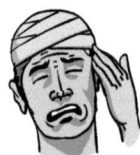

smerte

درد

skade

مصدومیت

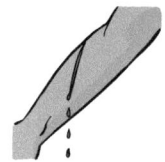

blødning

خونریزی

hjerteinfarkt

سکته قلبی

slagtilfælde

سکته مغزی

allergi

آلرژی

hoste

سرفه

feber

تب

influenza

آنفولانزا

diarré

اسهال

hovedpine

سردرد

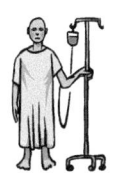

kræft

سرطان

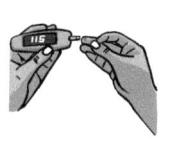

diabetes

دیابت

kirurg

جراح

skalpel

چاقوی جراحی

operation

عمل جراحی

CT

سی تی اسکن

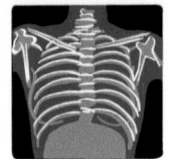

røntgen

پرتونگاری

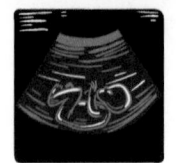

ultralyd

سونوگرافی

maske

ماسک صورت

sygdom

بیماری

venteværelse

اتاق انتظار

krykke

چوب زیر بغل

plaster

چسب زخم

forbinding

پانسمان

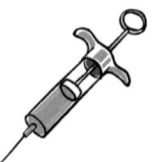

injektion

تزریق

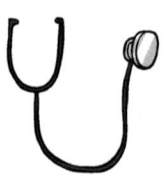

stetoskop

گوشی طبی

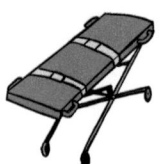

båre

برانکار

termometer

دماسنج

fødsel

زایش

overvægt

اضافه وزن

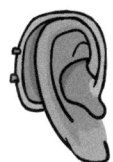

høreapparat

سمعک

desinficerende middel

ماده ضد غفونی کننده

infektion

عفونت

virus

ویروس

HIV / AIDS

اچ آی وی / ایدز

medicin

دارو

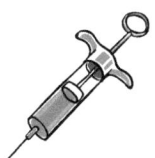

vaccination

واکسیناسیون

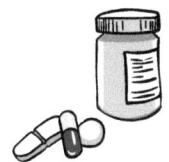

tabletter

قرص

pille

قرص ضد حاملگی

nødopkald

تماس اظطراری

blodtryksmåler

دستگاه اندازه گیری فشارخون

syg / rask

مریض / سالم

nødstilfælde
موقعیت اضطراری

Hjælp!

کمک!

alarm

آژیر خطر

overfald

حمله

angreb

حمله ی فیزیکی

fare

خطر

nødudgang

خروج اظطراری

Det brænder!

آتش

ildslukker

کپسول آتش‌نشانی

uheld

تصادف

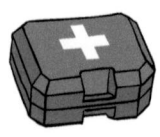

førstehjælps-kuffert

جعبه کمک های اولیه

SOS

درخواست کمک

politi

پلیس

Jorden

کره زمین

Europa

اروپا

Nordamerika

آمریکای شمالی

Sydamerika

آمریکای جنوبی

Afrika

آفریقا

Asien

آسیا

Australien

استرالیا

Atlanterhavet

اقیا نوس اطلس

Stillehavet

اقیانوس آرام

Indiske Ocean

اقیانوس هند

Sydlige Ishav

اقیا نوس اطلس جنوبی

Ishav

اقیانوس منجمد شمالی

Nordpol

قطب شمال

Sydpol

قطب جنوب

Antarktis

قاره قطب جنوب

Jorden

کره زمین

land

سرزمین

hav

دریا

ø

جزیره

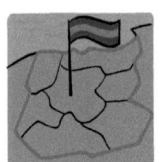

nation

ملت

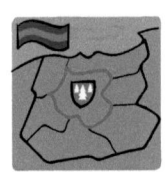

stat

کشور

urskive

صفحه ی ساعت

timeviser

ساعت شمار

minutviser

دقیقه شمار

sekundviser

ثانیه شمار

Hvad er klokken?

ساعت چند است؟

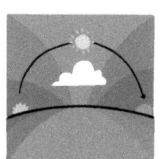

dag

روز

tid

زمان

nu

اکنون

digitalur

ساعت دیجیتال

minut

دقیقه

time

ساعت

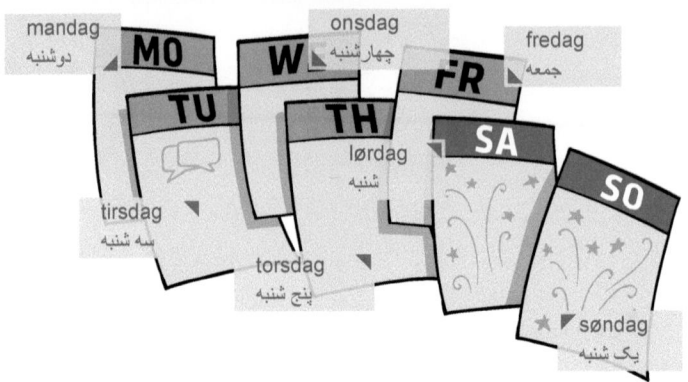

uge

هفته

FR
SO
mandag
دوشنبه
tirsdag
سه شنبه
onsdag
چهارشنبه
torsdag
پنج شنبه
fredag
جمعه
lørdag
شنبه
søndag
یک شنبه

i går

دیروز

i dag

امروز

i morgen

فردا

morgen

صبح

middag

ظهر

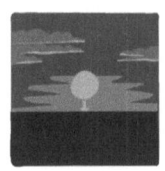

aften

غروب

arbejdsdage

روزهای کاری

weekend

آخر هفته

regn
باران
regnbue
رنگین کمان
vind
باد
sne
برف
forår
بهار
sommer
تابستان
efterår
پاییز
vinter
زمستان

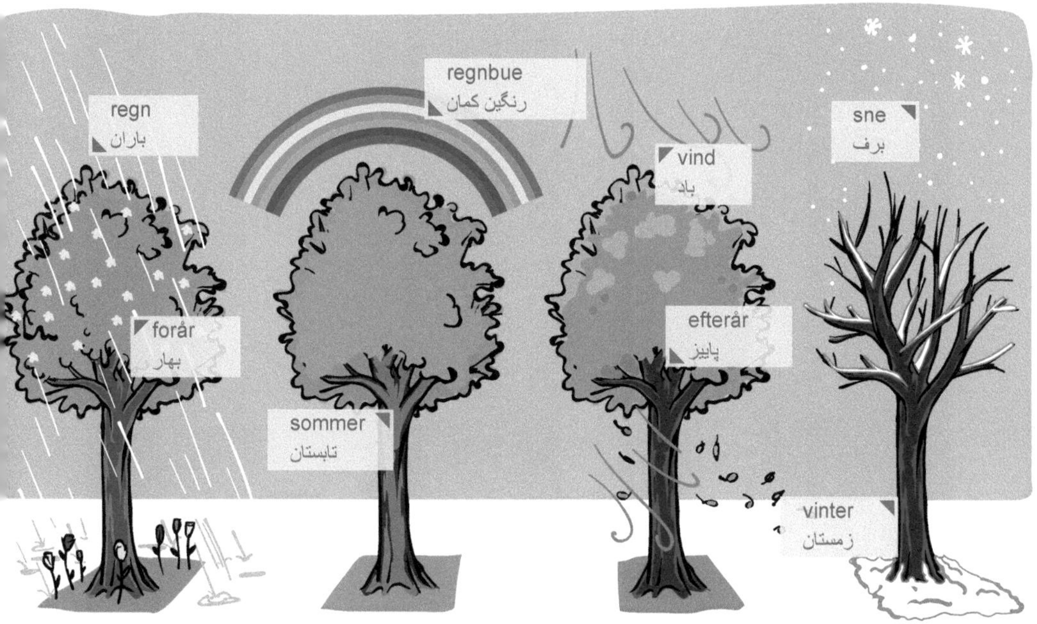

vejrudsigt

پیش‌بینی اوضاع جوی

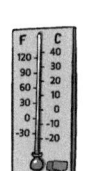

F

termometer

دماسنج

solskin

تابش آفتاب

sky

ابر

tåge

مه

luftfugtighed

رطوبت هوا

lyn

صاعقه

torden

آسمان غره

storm

طوفان

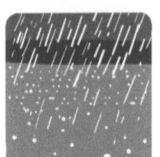

hagl

تگرگ

monsun

باد موسمی

flod

سیل

is

یخ

januar

ژانویه

februar

فوریه

marts

مارس

april

آوریل

maj

مه

juni

ژوئن

juli

ژوئیه

august

آگوست

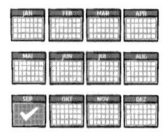

september

سپتامبر

oktober

اکتبر

november

نوامبر

december

دسامبر

former

آشکال

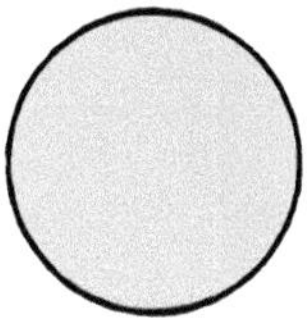

cirkel

دایره

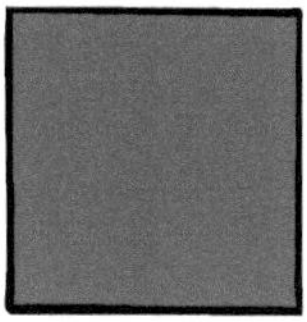

kvadrat

مربع

firkant

مستطیل

trekant

سه گوش

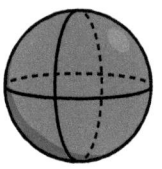

kugle

گره

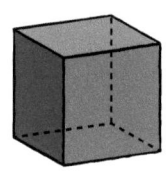

terning

مکعب مربع

farver
رنگ ها

hvid

سفید

gul

زرد

orange

نارنجی

pink

صورتی

rød

قرمز

lilla

بنفش

blå

آبی

grøn

سبز

brun

قهوه ای

grå

خاکستری

sort

سیاه

modsætninger
متضاد ها

meget / lidt
....
خیلی / کم

rasende / fredelig
....
خشمگین/ آرام

smuk / grim
....
زیبا / زشت

begyndelse / slut
....
شروع / پایان

stor / lille
....
بزرگ / کوچک

lys / mørk
....
روشن / تیره

bror / søster
....
برادر / خواهر

ren / snavset
....
تمیز / آلوده

fuldkommen / ufuldkommen
....
کامل / ناقص

dag / nat
....
روز / شب

død / levende
....
مرده / زنده

bred / smal
....
پهن / باریک

spiselig / uspiselig

قابل خوردن / غیر قابل خوردن

vred / venlig

غضبناک / مهربان

ophidset / kedet

هیجان زده / بی حوصله

tyk / tynd

چاق / لاغر

først / sidst

اولین / آخرین

ven / fjende

دوست / دشمن

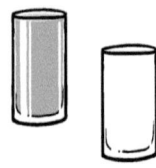

fuld / tom

پر / خالی

hård / blød

سفت / نرم

tung / let

سنگین / سبک

sult / tørst

گرسنگی / تشنگی

syg / rask

مریض / سالم

illegal / legal

غیرقانونی / قانونی

intelligent / dum

باهوش / خنگ

venstre / højre

چپ / راست

nær / fjern

نزدیک / دور

ny / brugt

نو / استفاده شده

intet / noget

هیچ چیز / چیزی

gammel / ung

پیر / جوان

tændt / slukket

روشن / خاموش

åben / lukket

باز / بسته

stille / højt

آهسته / بلند

rig / fattig

ثروتمند / فقیر

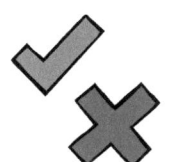

rigtig / forkert

درست / غلط

ru / glat

زبر / صاف

ked af det / lykkelig

غمگین / خوشحال

kort / lang

کوتاه / بلند

langsom / hurtig

کند / تند

våd / tør

تر / خشک

varm / kold

گرم / خنک

krig / fred

جنگ / صلح

tal

اعداد

0 nul صفر	1 en یک	2 to دو
3 tre سه	4 fire چهار	5 fem پنج
6 seks شش	7 syv هفت	8 otte هشت
9 ni نه	10 ti دَه	11 elleve یازده

12

tolv

دوازده

13

tretten

سیزده

14

fjorten

چهارده

15

femten

پانزده

16

seksten

شانزده

17

sytten

هفده

18

atten

هجده

19

nitten

نوزده

20

tyve

بیست

100

hundrede

صد

1.000

tusinde

هزار

1.000.000

million

میلیون

sprog

زبان ها

engelsk

انگلیسی

amerikansk engelsk

انگلیسی آمریکایی

kinesisk mandarin

چینی ماندارین

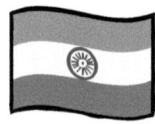

hindi

هندی

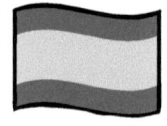

spansk

اسپانیایی

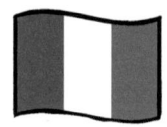

fransk

فرانسوی

arabisk

عربی

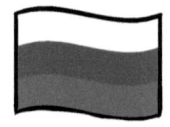

russisk

روسی

portugisisk

پرتغالی

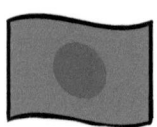

bengalsk

بنگالی

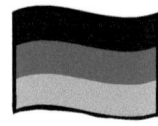

tysk

آلمانی

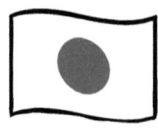

japansk

ژاپنی

hvem / hvad / hvordan

چه کسی / چه چیزی / چگونه

jeg

من

du

تو

han / hun / den / det

او

vi

ما

I

شما

de

آنها

hvem?

چه کسی؟ کی؟

hvad?

چی؟

hvordan?

چگونه؟

hvor?

کجا؟

hvornår?

کی؟

navn

نام

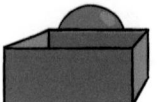

hvor

کجا

bag

پشت

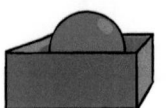

i

توی

foran

جلو

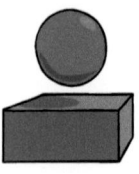

over

بالای

på

روی

under

زیر

ved siden af

مجاور

imellem

بین

sted

مکان